MAALAAMINEN SANOILLA - RUNOKOKOELMA

Cathy McGough

Stratford Living Publishing

Tekijänoikeus Copyright © 2013 Cathy McGough
Kaikki oikeudet pidätetään.
Alun perin julkaistu nimellä Painting With Words (25 runoa).
Päivitetty runokokoelma julkaistu heinäkuussa 2024 (70 runoa).
Tämä versio julkaistu maaliskuussa 2026.
Tämän kirjan osia ei saa jäljentää missään muodossa ilman kustantajan tai tekijän kirjallista lupaa, paitsi Yhdysvaltain tekijänoikeuslain sallimissa tapauksissa ilman Stratford Living Publishing -kustantajan etukäteen antamaa kirjallista lupaa.
ISBN: 978-1-997879-38-1
Cathy McGough on käyttänyt vuoden 1988 tekijänoikeus-, mallioikeus- ja patenttilain mukaista oikeuttaan tulla mainituksi tämän teoksen tekijänä.
Cover art powered by Canva Pro.
Tämä on fiktiivinen teos. Hahmot ja tilanteet ovat kaikki keksittyjä. Mahdolliset yhtäläisyydet elävien tai kuolleiden henkilöiden kanssa ovat puhtaasti sattumaa. Nimet, hahmot, paikat ja tapahtumat ovat joko kirjailijan mielikuvituksen tuotetta tai niitä on käytetty fiktiivisesti.

Kiitokset

Hyvät lukijat,

kiitos, että valitsitte lukea tämän runokokoelmani. Kirjoitin ensimmäisen runoni ALKU ollessani lukiossa. Runous on aina ollut ensimmäinen rakkauteni.

Kiitos myös vanhemmilleni, joille tämä kirja on omistettu, sekä isoäidilleni, joka oli itsekin runoilija.

Kiitos rakkaille ystävilleni, jotka ovat tukeneet sanallisia nörttimäisiä pyrkimyksiäni.

Ja kiitos kaikille, jotka ovat auttaneet minua tämän uuden kirjan kokoamisessa. En olisi pystynyt siihen ilman teitä!

Kuten aina,

HYVÄÄ LUKEMISTA!

Cathy

Sisällysluettelo

Omistuskirjoitus	XI
ALKU	1
ILMAISET LINNAT	3
TÄMÄ TUO SINUT TAKAISIN	5
WORKADAY	7
SINIKÄTÄISET JA KOOKABURRAT	10
KAIKKI PAITSI RAKKAUS	12
HENKILÖITYMINEN	15
PAPERINUKKE	17
SINÄ HERÄÄT, KUN MINÄ NUKUN	19
RUOKAA MUSEOLLE	22
SUMUN VERHO	24

VIIMEINEN TANSSI	26
MINÄ VOIN LENTÄÄ	28
PINNALLA	31
KAUNIS PIENI ASIA	33
CRUCI-FICTION	35
Ylösnousemus	38
SALASUUS	40
MIKSI MINÄ?	42
PUU	44
TAIVASEN SILMÄT	46
LOPULLINEN VAIHE	49
MEREN LAULU	51
MAALARI, JOKA EI KOSKAAN TULE	53
KAUNIS AURINGONLASKU	56
POJAT JA LELUT	58
YKSI NOISTA PÄIVISTÄ...	60
VANHEMMUUDEN TAIDE	63
HÖYRYÄVÄ	65
JÄÄKÄS KÄSI AIKAN	67
SYKSYN LAULU	70

YMPYRÄ: TRILOGIA	72
YMPYRÄ: TRILOGIA	74
YMPYRÄ: TRILOGIA	76
AVIOLIITON RUKOUS	78
KAUNIS AJATUS	80
ISÄ JA POIKA	82
OHIMENEVÄ	84
ÄLÄ UNOHDA MINUA, LAPSI	85
KÄDET	87
HÄN RAKASTAA MINUA	90
IGNORAMOUS	92
LAITA LAASTARI	93
JOS VOISIN…	95
PEILI, PEILI	98
ORGANGRINDERIT	100
HEIJASTUS MUTAISESSA VEDESSÄ	102
KETJUTETTU YHTEEN	104
AIKAKAUDEN MERKKI	107
VASTAUS	109
KUOLEMA LUMIHIUTALE	111

MENNEISYYS	113
PUHUMATON	115
VESIMELONINAINEN	116
SYDÄMETÖN	119
OHITTAMINEN	122
LIIAN AIKAISIN POISTUNUT	124
KUISKAA	126
SCARAMOUCHE	128
KÄVELEMÄLLÄ POLKUA PITKIN	131
ESTE	133
PIENI VÄÄRINKÄSITYS	137
MACBETH	139
Ehkä	141
SIFON	143
VASTAAMATTOMAT KIRJEET	145
PERHONEN	147
EVOLUTIO	149
MAAILMA 60 SEKUNNISSA	151
GOSPELAMER	155
Kirjoittajasta	157

Omistuskirjoitus

Äidille ja isälle

ALKU

Istuin

Pimeyden peiton alla

Oli sumu

Joka ei vain hälvennyt.

Rakkaus

Oli kylmentynyt sydämessäsi

Mutta kun kerroit minulle

Olin liian hämmentynyt

Ymmärtääkseni että yritit kertoa minulle

Totuuden.

Nyt

Yksinäni

Metsän reunalla

Laulan.

Sieluni tavoittelee

Laulan

Kunnes ääni kaikuu

Ja muistan

Että tämä oli "meidän laulumme"

Ja paraneminen alkaa.

ILMAISET LINNAT

Rakennan sinut kuin tornin
Ja sitten suljen sinut
Ikkunoita on liikaa
Maahan on liian pitkä matka.
Istut jalustallasi
Torjut jokaisen voiman
Koska näet minut varjona
Äitisi avioerosta.
Se voi olla vähemmän kuin rakkautta
Ja se voi olla enemmän kuin useimmilla

Mutta se on jotain, joka vahvistuu.

Luen sinua kuin kirjaa

Sivusi avautuvat leveästi

Ilman katseita tai silmäyksiä

Vaikuttaa siltä, että sielumme luottavat toisiinsa

Se voi olla vähemmän kuin rakkautta

Ja se voi olla enemmän kuin useimmilla

Mutta se on jotain, joka syvenee

Se ei ehkä ole sellaista rakkautta

Joka kestää ikuisesti

Mutta mieluummin otan osan rakkaudesta

Kuin en mitään.

TÄMÄ TUO SINUT TAKAISIN

Kasvot, jotka tulevat mieleen ja katoavat sieltä
Muistot tähdistä, jotka ovat loistaneet
Avaamiset ja sulkemiset
Ruuhkaiset yksinäisyydet
Keitä nämä ihmiset ovat?
Lapsi ilmestyy nuoruuden kukassa
Painautuen ikkunaan
Hän miettii, mikä on totuus

Hänen huomionsa näyttää horjuvan
Kun hän katselee ympärillään olevia karkkeja
Ja miettii, ovatko ne ilmaisia.

Lapsi, eikö äitisi kertonut sinulle
Että mikään ei ole ilmaista
Kaikella on hintansa
Jokaisella on hintansa.

Kasvot, unet vanhoista ajoista
Kaikki haalistuvat ja muodostavat uusia riimejä
Kun seuraamme
Kuolleiden sankareidemme jalanjälkiä
Etsien kasvoja
Jotka eivät ole olemassa

WORKADAY

Synkkä suljettu tila

Pehmustettu

Purppurat seinät

Suljettu

Vanki.

Yritin päästä vapaaksi

Ehdonalaiseen

Mutta putosin takaisin

Ennen kuin ehdin

Vetää itseni ulos

Tässä paikassa

On koneita

Jotka suostuttelevat

Työskentelemään

Koneena

Ja kun kieltäydyt

Ne murskaavat sinut

Sinä murtut

"Kuuntele näppäimistö

Ilman minua

Olet tyhjä!

Et mitään, sanon minä!

Muista se

Selvä sitten. Selvä."

Langaton hiiri

Tarttuu

Tilaisuuteen

Paeta

Hyppää ja

Putoaa

Erittäin suureen

Kahvimukiin.

Höyryää

Virtaa

HUUTAA!

Pieni tuli

Hups

SINIKÄTÄISET JA KOOKABURRAT

Ei haittaa, vaikka en tiedä kaikkien kukkien nimiä

Ei haittaa, vaikka en tiedä kaikkien lintujen nimiä

Uutuus tässä maassa ei estä minua

Ylistämästä sekä teoilla että sanoilla.

Joskus tämä paikka tuntuu melkein kodilta

Vaellellessani päämäärättömästi ilman siteitä menneisyyteen

Toisina päivinä tämä saari tuntuu sielultani

Ja mietin, kestääkö tämä ihastus.

Sitten on päiviä, jolloin tunnen itseni petturiksi

Kaipaan asioita, joita en voi enää saavuttaa

Sitten vilaus kotimaani lipusta

Kutsuu minut takaisin jälleen kerran.

Mitä se siis on, kun syntyy jossain

Voiko koskaan jättää sen paikan kokonaan taakseen?

Vai voiko rakastaa uutta ja rakastaa vanhaa

Sydämessäsi, samoin kuin mielessäsi?

Pian puuvillapallomaiset pilvet väistyvät hopeisen linnun tieltä

Ensimmäinen rakkauteni odottaa avosylin

Valkoiset trilliumit peittävät minut tuoksuvilla suudelmillaan

Kun sininärhet ja kookaburrat törmäävät toisiinsa.

KAIKKI PAITSI RAKKAUS

Annoit minulle kukkia

Annoit minulle karkkia

Mutta se ei riittänyt.

Vietit minut ajelulle

Hienoihin paikkoihin

Mutta se ei riittänyt.

Annoit minulle kaiken

Mitä keksit

Kaiken paitsi rakkauden

Kyllä, kaiken paitsi rakkauden.

Kerroit minulle vitsejä
Sait minut nauramaan
Mutta se ei riittänyt.

Annoit minulle aikaa
Annoit minulle tilaa
Mutta se ei riittänyt.

Annoit minulle kaiken
Mitä keksit
Kaiken paitsi rakkauden
Kaiken paitsi rakkauden.

Kuinka kauan odotin hellää suudelmaa
Merkkiä, kosintaa tai sormusta
Mutta päivä päivältä, vuosi vuodelta
1 + 1 ei antanut mitään.

Kerroit minulle vitsejä
Sait minut nauramaan
Mutta se ei riittänyt.

Annoit minulle aikaa
Annoit minulle tilaa
Mutta se ei riittänyt.

Annoit minulle kaiken

Mitä keksit

Kun halusin vain rakkauttasi

Kulta, halusin vain rakkauttasi

HENKILÖITYMINEN

Pyörin ympärilläsi

Kuin hyrrä

Huolimattomasti

Pomppien seinästä seinään

Itsetuhoisesti

Mutta raahautuen eteenpäin

Ei aikaa miettiä.

Tai hengenvetoon

Seinät vaihtavat paikkaa

Kuin kotivideon kohtaukset

Värit sekoittuvat

Juoksevat villinä

Katto lentää yli ja ali

Ja sulautuu lattiaan

Kuin lapsi kaleidoskoopin kanssa

Sinä vaihdat kehyksen

Nautit laulustani

Kunnes rentoudun

Ja pakenen katon läpi

Merkityksellisempään suhteeseen

PAPERINUKKE

Paperinukke on sotkeutunut tuulen pyörteeseen

Tunteista tyhjä hän pyörii ja pyörähtelee

Ympäri ja ympäri, balerinan piruetteja

Palaten takaisin elämän epäonnistumisiin ja katumuksiin.

Yrittäen hädissään paeta sen kynsistä

Hänen korvissaan tuuli kuiskaa raiskausta.

Paperinukke on revitty palasiksi

Pelkkä muisto siitä, mitä olisi voinut olla.

Hän ei tunne kipua, sillä hän on vain lapsi

Hän ei tunne mitään.

Kuule lasten itku, kun he pyörivät ja kääntyvät

Unessa

Suojaa heitä elämän pyörteiltä.

Juoskaa, lapset, juoskaa

Teitä ei enää sido ketjut.

Suojaa heitä elämän pyörteiltä.

SINÄ HERÄÄT, KUN MINÄ NUKUN

Sinä heräät, kun minä nukun
Pakkaa matkalaukkusi
Suutele minua poskelle
Kuiskaat hiljaa "hyvästi"
Katson sinun lähtevän
Vaikka et koskaan tule tietämään

Sillä silmissäsi

Nukun rauhallisesti

Käännän selkäni tyhjälle paikallesi

Kyyneleet, itku, itsesääli

Uni on tervetullutta

Sieluni etsii sinun sieluasi

Ne leikkivät yhdessä

Rakkautemme on entisellään

Minä olen sinä. Sinä olet minä.

Auringon noustessa aamulla

Kurotan kohti tyhjää tilaa

Olen kietoutunut syleilyysi

Rakkaus toi sinut tänään takaisin

Rakkaus toi sinut takaisin jäädäksesi.

Sinä heräät, kun minä nukun

Pakkaa matkalaukkusi

Suutele minua poskelle

Kuiskaat hiljaa "hyvästi"

Lukitsen oven. Kiinnitän ketjun.

Tämä kohtaus ei toistu koskaan.

RUOKAA MUSEOLLE

Tule luokseni, kaunis lehteni

Putoa odottavaan syleilyyni

Kasta minut juoksevalla värilläsi

Leijailkaa minua kohti sulavasti.

Lehti, sinua kutsutaan sieluttomaksi

Minä sanon, että tämä on väärin

Koska sinä tanssit harmoniassa

Kun tuuli soittaa lauluasi.

Nyt otan sinut syliini ja itken

Verisuoniesi vuotamista

Väri juoksee väriin: kauneus

Nämä ovat jäännöksesi.

Rapea, puhelias kumppani

Kutittelee kengänpohjia

Syksyinen inspiraatio:

Ravintoa muusalle.

SUMUN VERHO

Paksun sumun läpi

Näin pari marmorisia silmiä

Ne eivät heijastaneet mitään, ne sihisevät

Nojautuen naamioonsa

Tähdet putosivat kuin lumi

Niiden vahvaan havaintoon

Vangittuna niiden hehkusta

Kävelin niiden suuntaan.

Ne olivat tunteettomia ja onttoja

Lähettäen hiljaista säteilyään

Loputtoman sumun läpi näin

Kuunvalon alkaneen sulattaa

Nostin käteni tarttuakseni totuuteen

Tuomio tuli, menetin nuoruuteni.

Kaikki tunteeni tyhjenivät

Aamulla jäljellä oli

Kirkkaan ja harmaansinisen taivaan alla

Kaksi paria marmorisia silmiä.

VIIMEINEN TANSSI

Pitää valokuvaasi sylissäni...

Tanssimme yhdessä lattian poikki

Melkein niin kuin se olisi voinut olla

Jos vain olisit rakastanut minua enemmän

Tarpeeksi lähellä tunteakseni sydämenlyöntisi

Pyörimme yhdessä kuvitteellisessa pilvessä

Maalaamme maailmaa loistavalla kiillolla

Kuiskaamme nimesi ääneen.

Tanssimassa, vaikka musiikki on loppunut

Kyyneleet valuen kasvoillani

Sillä olen nähnyt, mitä olisi voinut olla

Ja menettänyt sen jäljettömiin.

MINÄ VOIN LENTÄÄ

Seisomassa reunalla

Ulvovat tuulet

Haalistuvat hihat

Aina valmiina

Tarvitsen

Yksinäisen lennon

Hameet aaltoilevat

Vasen jalka taakse

Oikea jalka eteen

Tasapainossa

Katso Enkelit

Juuri siellä

Kuparinväriset hiukset leijuvat

Huulet maistavat

Merisuolaa

Otan kaiken

Sisään

Tietäen

Kuka olen

Miksi olen täällä

Siivet

Haalistuvat

Lyö lyö lyö

Tiedän

Että minun täytyy

Lentää.

Sillä

Elän

Kuvitelman

Reunalla

Jossa jalat

Eivät enää kaipaa

Maata

Näen

Kaiken

Ainutlaatuisesta

Näkökulmasta

Olen runoilija

Kirjailija

Ja

Voin lentää.

PINNALLA

Peili,
Heijastat minua ylimääräisesti
Kirjoitettu ympäri minua
On lihanvärinen epävarmuus.

Peili
Sinä pilkkaat täydellisyyttä
Tällä hillitsemättömällä heijastuksella
Ja tulos on aina sama
Kehyksessäsi: minä pysyn muuttumattomana.

Rivien väliin kirjoitettu
Runollisesti naamioitu

Pakkomielteiset piirteet

Virtaavat epäharmonisesti.

Peili: minä pidän kiinni siitä, mitä näen

Sillä minä olen sinä, läpikotaisin

Mutta joskus heijastuksessa

Toivon, että muistuttaisin sinua.

KAUNIS PIENI ASIA

Kaunis pieni olento
Istuu koristeellisesti
Tervehtien kaikkia sisään tulevia
Äärimmäisen sydämellisesti.
Hän on kaunein tyttö
Jota he ovat koskaan nähneet
Kultaisilla kiharoillaan
Ja vihreillä silmillään.
Hän on posliininen nukke
Joka on herännyt eloon

Jonain päivänä hänestä tulee
Jollekin miehelle ihana vaimo.

Kaunis pieni olento
Hymyilee enkelimäisesti
Laulaen lastenlauluja
Vanhempiensa seurassa
Hän puhuu vain
Kun hänelle puhutaan
Hän ei koskaan ajattele
Ei ole syytä
Hän on kaunis kuin kuva
Joka saisi Mona Lisan häpeämään
Ja tämä naisen lapsi
Pelaa etikettipeliä.

Kaunis pieni olento
Ei koskaan kyseenalaista
Vanhempiensa sopivuutta
Koska hän on aina ollut
Enkeli
Joulukuusensa päälle.

CRUCI-FICTION

Kehosi on sidottu

Ristin muotoon

Sinä roikut siellä epätoivossa

Ikuisesti.

He olisivat korjanneet

Kätesi ja jalkasi

Mutta naulat olivat ruostuneet

Ja tetanusrokotukset

Oli vielä keksimättä.

He olisivat parantaneet

Sivusi

Mutta kun he seisoivat

Vierelläsi ja katsoivat

Aukon läpi

Näkymä maailmaan

Sielusi läpi

Oli henkeäsalpaava.

He olisivat poistaneet

kruunun

mutta veritahrat

putosivat otsaltasi

muodostaen kuvioita

kuin herkät

ruusun terälehdet.

Siirtyen asemalta asemalle

kiristän otettani

mustasta rukousnauhasta

Se rikkoutuu

helmet vierivät kaikkialle:

penkkien alle

käytäville.

Polvistun

kun poimin jokaisen pienen

mustan ruusun terälehden

ja kerään ne

hattuuni.

Ulkona

Tuuli tarttuu niihin

Nostaa ne

Taivasta kohti

Mustat varikset

Lentävät ulottumattomiin

Pudottavat peittoja

Kodittomille

Uskoville

Uskottomille

Ja minulle.

Ylösnousemus

Ajelehtii tyhjyyteen

Levittäytyy kuin huhu

Lehti kelluu virrassa

Aavemainen läsnäolo unesta.

Lehti murskattu ja rikkoutunut

Huuhtoutuu rantaan

Sokerin peitossa hiekalla

Eloton ikuisesti.

Lehti kuivuu ja syntyy uudelleen

Enkelin hengityksen nostama

Gabriel puhaltaa torveaan

Lehti kuoleman jälkeen.

SALASUUS

Hän kysyi minulta ja minä vastasin "En voi".

Hän kysyi minulta ja minä vastasin "En aio".

Hän kysyy minulta joka päivä. Hän kysyy minulta joka ilta.

Hän pysyy lähellä toivoen, että jonain päivänä saatan suostua.

Minä viivyttelen ja vain minä tiedän miksi.

En ole vallanhimoinen! Ei, en minä!

Koska en halua satuttaa poikaystävääni.

Ei ole helppoa nähdä aikuisen miehen itkevän.

Silti minun on kieltäydyttävä.

Silti minun on nähtävä hänen murheellinen ilmeensä.

Silti uskon, että hän jää.
(Luulen, että hän rakastaa minua.)
Jonain päivänä olen varma.
Jonain päivänä ajoitus on oikea.
Avaan sydämeni hänelle
Ja pimeys muuttuu valoksi.

Toivon, että kaikki tämä salailu
Ei pilaa tulevaisuuttamme. Katsos:
Tämä viivyttely ei ole pelkkää sattumaa
Hän on kuin Astaire, ja minä en osaa tanssia.

MIKSI MINÄ?

Kertosäe toistuu

Keskeyttäen sisäisen harmonian

Kun häpeilemätön viehätysvoima

Lähettää rakkauteni toisen syliin.

Muistot särkyvät maahan

Äänet vaimentuvat synkkyyden varjossa

Kuiskailuja, sekasortoa, mutta c'est la vie

Sopeutuminen elämän rauhalliseen todellisuuteen.

Voi, sade ei lopu koskaan

Ja tuuli lähettää ikuisesti

Myötätuntoisia viestejä minulle.

Epävarmassa huomisessa

Pisaroiden tiputtelu

Lävistää korvani hiljaisuudella

Ja kyyneleet jättävät minut kylmäksi

Sateenkaaren päässä

Hamstraaminen minun kultakolikot.

Puu

Kuinka monta vuotta
Kuinka kauan, kuinka vanha?
Puukirurgit pohtivat,
Tiedon silmut avautuvat.
Tarttumalla huomiseen
Kaiken luomakunnan jumalalle
Enkelimäiset sormet ulottuvat
Puiseen motivaatioon.
Istuta ja istuta uudelleen,
Muodosta luontoa vastaava visio
Tuulen ja sateen läpi

Ne ovat monumentaalisesti rakennettuja.

Jos jumala on koskaan luonut jotain, joka tarvitsee rakkautta

Se on varmasti puu

Sillä ihmisillä on vain kaksi kättä

Kipeästi, koskettaakseen, rukoillakseen

Mutta puilla on oksia, jotka kasvavat oksista

Kumartuen tyhjyyteen elämän kiertokulussa.

TAIVASEN SILMÄT

Tämä oli alussa

Ennen kuin aika pysähtyi

Kauan ennen

Kuinka hän astui uneni sisään.

Olen varma, ettet muista

Hänen viimeisiä sanojaan

Ennen kuin pappi

Julisti rakkaani kuolleeksi.

Rakkaani puhui monista enkeleistä

Jotka tulivat hakemaan hänen sieluaan

Hän ajelehti sisään ja ulos

Ja lopulta menetti hallinnan.

Polvistuin hänen vierelleen

Yrittäen epätoivoisesti olla itkemättä

Mutta kyyneleet tulvivat

Ja näin hän sanoi hyvästit:

"Ei enää kyyneleitä, ei enää kyyneleitä

Jumala tulee hakemaan sieluni

Näen tähdet tulevan

Lähemmäksi sänkyä

Ne kimaltelevat ja säihkyvät

Pääni sisällä

Ja unelmani

Toteutuu.

Minun kohtaloni on loistaa

Ja opastaa sinua.

Toivo minulta

Toivo minulta."

Tänä yönä ja joka ilta

Tähtien ketju valaisee tieni

Niiden silmät virkistävät henkeäni

Kun yö muuttuu päiväksi.

Rakkaani on tähti taivaalla

Ajelehtimassa avaruuden sylissä

Ja jonain päivänä olemme yhdessä

Toisessa ajassa ja paikassa.

LOPULLINEN VAIHE

Valo loistaa pilvien läpi
Sininen on kirkas läpikuultavissa silmissäsi
Sateet eivät voi peittää tätä taivaallista syleilyä
Kyyneleet eivät voi tahraa tätä kristallisoitunutta kasvoja
Älä kestä kipua, älä sulje mieltäsi
Kyyneleet putoavat, jättäen minut sokeaksi
Mutta voin aina ammentaa sinusta, rakkaudesta.
Jos sattumalta ilmapallosi vapautuu vankeudesta
Älä syytä kohtaloa tai kohtaloa

Pääsemällä kuplaan saatat rikkoa sen

Kuplan puhkeaminen olisi kohtalokas virhe

Sillä jopa pilvet ovat kateellisia ketjutetuille

Ne ovat liian vapaita, matkustavat määräämättömästi.

Jäljitä lapselle piirretty valokuva

Kohtalo etsii nöyriä ja lempeitä

Täytä tyhjät kasvot muutamalla unohdetulla lauseella

Kopioi ja jatka sitten.

MEREN LAULU

Silloin oli helppoa

Vaeltaa

Tavoitteettomasti

Ilman huolia

Tai mitään

Mikä kyseenalaistaisi olemassaolosi

Tai rikkoisi kuplasi.

Mutta sitten

minä tulin

Ja kaikki ympärilläsi

näytti olevan epätodellista

ja epäoikeudenmukaista

Ja sinä tunsit toisin

Ja yritit muokata minua

Jotta minä

sopisin sinun maailmaasi

Mutta se ei ollut mahdollista

Oli liian vaikeaa

Löytää polku

Joka piti meidät yhdessä

Kun me molemmat kävelimme

Ohut jäällä.

Toinen voisi mennä

Toinen voisi jäädä

Silloin oli helppoa

Ennen kuin annoit minun mennä pohjaan

Kolmannen kerran.

MAALARI, JOKA EI KOSKAAN TULE

Värit kutsuivat

Häntä

Yöllä

Niveltulehdus

Epävakaa

Vanha

Epävarma

Hän yritti

Turhaan

Luoda

Mestariteoksen

Joka eläisi

Hänen kuolemansa jälkeen

Sen sijaan

Maailmat törmäsivät

Meri ja taivas sulautuivat yhteen

Hymyilevä nainen itki

Kompuroiden

Kompuroiden

Liukastuen

Paletti

Maali

Keho

Yksi.

Harja

Maalari

Yksi.

Aurinko nousi

rauhassa ja tyyneydessä

Kun hän käveli

kohti

vuoren

reunaa.

Hän virtasi

harjasta

meren

avoimiin syliin

Jossa hänestä tuli

maalari, joka ei koskaan tule,

KAUNIS AURINGONLASKU

Kaunis auringonlasku

Laskeutuu tervehtimään merta

Taivaallinen isä

Kurottautuu vapaiden luo

Elävät kuvat

Tarttuu ikuisuuteen

Värit tanssivat

Kiemurtelevat polut

Menevät kuka tietää minne

Pyörivät pilvet

Tuulen himoitsemat
Resonoivat timantit
Laulavat yön läpi
Pimeyden siluetit
Puutarhan kuunvalo
Kaikki ovat vaitonaisia
Rauhallisia ja tyyniä
Tämä on ihme
Luonnon ihme.

Hetket kuluvat
Päivät kuluvat
Vuodet kuluvat
Ja silti unelmoit elämäsi pois
Miksi sinun täytyy unelmoida
Kun luonto kutsuu sinua tulemaan leikkimään?

POJAT JA LELUT

Kun maailma on hajoamassa

Ja me kaikki etsimme vastausta

Kuuntelemme poikia, jotka uhkailevat leluillaan

Leluilla, jotka voisivat tuhota sekä minut että sinut.

Seison virtaavan joen rannalla

Kaipaan ääntä, järjen ääntä

Tuulen käsivarret syleilevät minua tiukasti

Kun vapisen miehen voimattomuuden edessä.

Historia antoi maailmalle miehiä ja naisia

Johtajia, jotka käyttivät kynää miekkojen sijaan

Suuria kirjailijoita, jotka eivät pelänneet puhua

Kirjoittaakseen oikeudenmukaiset asiat muistiin.

Dickens, Longfellow, Emerson ja Thoreau

He olivat rauhanmiehiä, jotka puhuivat kaikkien puolesta

Missä ovat tämän päivän johtajat, runoilijat?

Heille minä osoitan tämän kutsun.

Sillä maailman johtajat ovat kriisissä

Pelkään tulevaisuutta – en omaani, vaan poikani

Tarvitsemme jonkun, joka nousee johtamaan

Aseistettujen poikien sijaan.

Keitä olette, nykypäivän runoilijat?

Missä olette, kuulkaa huutoni!

Puhukaa nyt tai vaikenkaa ikuisesti

Tämä runoilija odottaa innokkaasti vastauksianne.

YKSI NOISTA PÄIVISTÄ...

Oletko koskaan kokenut sellaista päivää?

Tiedät kyllä

Kun sähköpostia ei tule

Ja olet vastannut kaikkiin eilisiin viesteihin

Ja toivot postia

Mutta postilaatikko on tyhjä

Paitsi Pizza Hut -mainoslehtinen

Oletko koskaan kokenut sellaista päivää?

Tiedät kyllä

Kun menneisyys ei jätä rauhaan

Eikä aamiainen

Lounas tai illallinen

Ja toivot jatkuvasti pelastusta

Mutta et ole varma, mistä

Oletko koskaan kokenut sellaista päivää?

Tiedät kyllä

Kun varis pyykkinarulla

Tarkkailee sinua kuin kauan kadoksissa ollut ystävä

Joku, jonka olet tavannut kerran, henki elämässäsi

Yrittää välittää viestin

Ja mietit, kuka sen on lähettänyt

Oletko koskaan kokenut sellaista päivää?

Tiedät kyllä

Kun joku ajaa sinun edellä liikenteessä

Ja haluat lukea hänelle kapinan säännöt

Mutta päätät olla tekemättä niin, koska elämä on liian lyhyt

Sitä paitsi, se voi olla joku, jonka tunnet

Petos vaanii tummennetun lasin takana

Oletko koskaan kokenut sellaista päivää?

Tiedät kyllä

Kun sivu pysyy tyhjänä

Ja ainoa toiveesi on täyttää se

Mutta mielesi pysyy sekavana

Tänään minulla on sellainen päivä

Oletko koskaan kokenut sellaista päivää?

VANHEMMUUDEN TAIDE

Lapset ovat sinun elämäsi peili.

Se, mitä he tietävät ja oppivat, on peräisin sinulta.

Sinä huolehdit perustastasi, se aiheuttaa sinulle riitaa,

koska vanhempasi opettivat sinulle vain sitä, mitä EI pidä tehdä.

Muista, että lapset elävät jokaisessa hetkessä...

Heidän mielessään kamerat napsivat.

Heille elämä on karkkikauppa, jossa päivät vietetään kääreitä avaamalla ja kaikenlaisia valintoja tekemällä.

Jumala antaa vanhemmille tyhjän kankaan: lapsen.

Kun maalaat, syntyy ehdoton rakkaus vanhemmuuden sateenkaariyhteys – heistä sinuun.

Elämä on lyhyt, käytä aikasi hyvin vanhemmuuden taiteen hiomiseen.

HÖYRYÄVÄ

Rakkaani ja ihmeeni, kokonaan minun
Kuinka olet muuttanut olemassaoloni
Sinun elämäsi ja minun elämäni, ne ovat kietoutuneet toisiinsa
Joka päivä osoitat anteliaisuutesi
Täynnä ja innokkaana
Painan nappejasi, se on toiveeni
45 minuuttia, nopeasti, nopeammin, sitten hitaasti
Höyry nousee, ylöspäin, ylöspäin, korkeammalle ja korkeammalle
Silloin olet hiljainen, kaikessa loistossasi
Joka päivä rakastan sinua enemmän ja enemmän.

Koko maailmassa sinä olet se, jota pidän parhaiten

Mikään ei voita hyvää astianpesukonetta.

JÄÄKÄS KÄSI AIKAN

Jääinen käsi

Ajan

Varastaa hiekkaa

Lapseltani.

Hän nukkuu nyt

Rauhallisesti

Viattomasti

Rauhallisesti

Joskus hän

Kääntyy minua kohti

Ja itkee

Tai valittaa

Kivusta

Unessaan

Hän ojentaa kätensä

Minä silitän

Emme kosketa toisiamme

Yhdistymme

Hengessä.

Usein

mietin

tietääkö hän

että

tiimalasi

on täynnä

hänen

elämänvoimaansa

ja että se

laskee

kaksinkertaisella nopeudella.

Rukoilen
että jonain päivänä
hän tulee
kotiin
että jonain päivänä
voin pitää
lasta sylissäni

Toistaiseksi
tämä lasinen arkku
on kaikki mitä hän tuntee.

SYKSYN LAULU

Lehdet rapisevat jalkojeni alla

Mielessäni kuuluu napsahtava ääni

Nousu, lasku – jalkapohjat koskettavat maata

Muistot pyörivät ympäri ja ympäri.

Lehdet tuoksuivat ja olivat myskiset

Kasaimme ne taivaisiin – taivaisiin asti –

Kaupunkilaisen tytön olki. Hyppäsimme huutaen "Geronimo!"

Ne olivat pehmeitä kuin neitsytlumi.

Syksy otti meidät syliinsä ja piti meitä hellästi.

Kausiluonteisesti. Olimme syksyn lapsia.

Heräsimme eloon – kun lehdet alkoivat pudota

Sielumme tulkitsivat äiti luonnon kutsun.

Lehdet kerääntyvät ovelleni odottaen

Sisareni ja veljeni ovat tulleet kutsumaan

Syksyn henki nostaa minut pyörätuolista

Me kaikki tanssimme yhdessä ikuisuuden syksyn juhlissa.

YMPYRÄ: TRILOGIA

VIESTI MINUN SYNTYMÄTTÖMÄLLE LAPSELLE

Lapsi, minun lapseni

Suojattu maailmalta

Turvassa kohdussani.

Lapsi, minun lapseni

Näkemätön ja tietämätön

Minä olen sinä. Sinä olet minä.

Lapsi, minun lapseni
Sinä olet minä.
Minä olen sinun äitisi.

Lapsi, minun lapseni
Minä olen sinä.
Rakastan sinua kuin ketään muuta.

Lapsi, minun lapseni
Rauha. Rukoile rauhaa.
Aika ei voi parantaa kaikkia suruja.

Lapsi, minun lapseni
Rauha. Rukoile rauhaa.
Olet toivoa kaikille tuleville päiville.

Lapsi, minun lapseni
Sydän lyö, raajat muodostuvat
Olet syntymätön, viaton.

Lapsi, minun lapseni
Olet toivoni tulevaisuudelle
Olet tulevaisuus, kaikille.

YMPYRÄ: TRILOGIA

HYVÄÄ YÖTÄ, PIENI

Taivas ei ole kaukana

Sinne hän on mennyt leikkimään

Tanssimaan niin kevyellä pilvellä

Säihkyen kaikille, kun hän lentää

Pieni henki, joka asui minussa

Nyt hänen sielunsa on vapautettu

Kohduni on tyhjä, häntä ei ole enää

Ja silti en ole enää sama kuin ennen.

Nähdessäni hänet, elottoman kiinni

Elämän loppu on vasta alkanut.

Antautuen, lapsi ei enää ole minun

Taivaassa, ikuisesti jumalallinen.

YMPYRÄ: TRILOGIA

Hys.

Kuuntele.

Kuulen heidän laulavan.

Kuuntele.

Kuuletko sinäkin?

Kuuntele.

Heidän äänensä

täyttävät sydämeni.

Se on niin täynnä

että pelkään

sen räjähtävän
sisälläni.
Kuuntele.
Lopeta tekemäsi ja
kuuntele.
Luota minuun.
Hän on siellä heidän kanssaan.
Kuuntele
kaikella sydämelläsi ja sielullasi.
Kuuntele...
Hys.

AVIOLIITON RUKOUS

Kun kehyksessä oleva valokuva halkeilee
Ja häävalat unohtuvat mielestä
Kun vain muistot ovat jäljellä
Ja onnettomuuden kyyneleet sokaisevat sinut
Silloin ehkä sinun täytyy lähteä
Kääntää selkäsi kaikelle, minkä tiedät
Ehkä on aika, olet kokeillut kaikkea
Ja silti tunnet olosi jotenkin tyhjäksi.

Ennen kuin lähdet ja pakkaat laukut
KESKUSTELE rakkaasi kanssa, ota yhteyttä

Avaa sydämesi, sielusi hänelle
Ja ehkä voit selvittää kaiken
Liian usein luovutamme ja muutamme
Kun luulemme vain tehneemme parhaamme
Jos rakkautta oli, se voi kasvaa uudelleen
Jopa sen jälkeen, kun se on ottanut lyhyen tauon
En nyt suvaitse väkivallan sietämistä
Siinä tapauksessa sinun on lähdettävä kohti uusia horisontteja
Mutta jos luulet, että suhteellasi on merkitystä
Anna sydämesi johtaa ja seuraa sitä
Sillä maailma on yksinäinen ja kylmä
Ilman ketään, jonka kanssa voit jakaa
Ja muista, että olet vanhenemassa
Ja joku vierelläsi välittää sinusta.

Joten aloita alusta, ota romantiikka hyllyltä
Puhalla elämää vanhentuneeseen suhteeseen
Et tule katumaan sitä, tee se itsesi vuoksi!
Todellinen rakkaus ei voi koskaan epäonnistua.

KAUNIS AJATUS

Kauneus ei koskaan rauhoita

Niitä, jotka itkevät

Kauneus ei koskaan lämmitä

Kylmää hyvästelyä

Kun sydän vuotaa verta

Ego tarvitsee ravintoa

Ja kauneus ei ole alibi

Sillä se ei koskaan rauhoita

Niitä, jotka itkevät

Kun olet rakastunut

Kauneus on kaikkialla
Kun rakkautesi on ohi
Ainoa kauneus on epätoivossa.

ISÄ JA POIKA

Isä opettaa pojalleen olemaan mies
Poika opettaa isälleen olemaan taas lapsi
Yhdessä he kävelevät käsi kädessä
Heidän katselemisensa on minulle niin upeaa
He kaksi ovat taikuutta leikissä
Katsomassa Thunderbirdsia lauantaina
Isä huolehtii, voiko hän olla mies
Hänen lapsensa ihannoi, varmasti hän voi.

Sillä hänen lapsensa näkee, että hän on vahva ja lämmin
Ja suojelee häntä kaikilta vaaroilta
Ei pettäisi häntä mistään hinnasta

Isä rakasti häntä jo kauan ennen hänen syntymäänsä

Isä opettaa pojalleen, kuinka olla mies

Niin on ollut aikojen alusta asti.

OHIMENEVÄ

Ja minä ohitan

Sinut kuin tuulenhenkäys

Enkä kosketa

Enkä jätä jälkeä

Siitä, että olin

Vain suloinen tuoksu

Päivänkakkara ja apila.

ÄLÄ UNOHDA MINUA, LAPSI

Älä unohda minua, lapsi

Kultaisella pellolla

Anna niiden pudota

Ja viesti paljastuu

Älä käytä terälehtiäsi

Piilottaaksesi kyyneleitäsi

Älä suojaudu

Heidän pilkkauksiltaan

Sillä kauneutesi on liian suuri

Jotta se voitaisiin koskaan peittää

Älä unohda minua, lapsi
Kultaisella pellolla.

KÄDET

Kädet

Meidän on vaalittava

Kädet

Pitää kiinni

Kurottaa

Liian kylmät

Opettaa

Kädet

Liikkuvat sivujen yli

Kehon yli

Viattomat hyväilyt

Kädet

Pidetty

Rikotut lupaukset

Sormet

Nyt vapautuneet

Laatikot

Täynnä

Rikkoutuneita ympyröitä

Kädet

Meidän on vaalittava

Kädet

Tyhjät

Kädet

Ryppyiset

Kädet

Kurottavat

Kädet

Ideat virtaavat

Näistä käsistä

Aina vaalittuja

Ovat kädet
Taiteilijan.

HÄN RAKASTAA MINUA

Hän ei rakasta minua

Siellä kasvoi kukka

Se oli keväinen ja uusi

Poimin kukan

Nähdäkseni, oliko rakkautemme aitoa

Repäisin sen terälehdet

Ja revin sen palasiksi

Kun kuva kehittyi
Toiveikkaassa sydämessäni.

Siellä samettisella ruoholla
Kuollut kukka jäi

Ja sydänten kuningattarena
I satoi.

IGNORAMOUS

Menetin sinut huomenna

Eilen, joka ei ole ohi

Suljin silmäni surussa

Ja ennen kuin hetki oli kulunut

Rakkaus katosi, sinä sen mukana

En olisi koskaan uskonut

Että niin voisi tapahtua minulle

Vähintä, mitä olisit voinut tehdä

Oli hyvästellä minut kunnolla!

LAITA LAASTARI

Laitoin laastarin palapeliisi
Kun palasi olivat hajallaan ympäriinsä
Olin pelastusliivisi
Kun kaaduit mereen
Korjasin särkyneen sydämesi
Joka oli korjauskelvoton
Nostin sinut ylös
Syvyyksistä epätoivosta.

Nyt piilottelen tässä mielikuvituksen puumajassa
Etsien ystävällisyyttä ja opastusta

Kysyen keneltäkään, kuka korjaa minut?
Kysyen ilmalta, miten tämä voi olla?
Tein sinusta tehtäväni, päivän hyvän tekoni
Otin pois kaiken surusi
Vastineeksi sinä revit sydämeni kahtia
Nyt tuntuu kuin minulla olisi sementtikengät jalassa
Ja olen eksynyt tungosta tyhjyyteen
Vaeltelen, etsin sitä, mitä en löydä
Kysyn keneltäkään, kuka korjaa minut?
Kysyn ilmalta, miten tämä voi olla mahdollista?
Kysyn, enkä koskaan saa vastausta
Miksi?

Jos voisin...

Jos voisin

Kääntää ajan kulun

Tekisin sinusta omani

Ikuisesti

Olit sateenvarjoni

Sateisena päivänä

Kun hymyilit

Kaikki ongelmani haihtuivat

Elin ja hengitin

Sinun vuoksesi.

Kuiskailit suloiset sanoituksesi

Rakkaudesta sydämeeni

Ja minusta tuli vahva

Ja erityinen

Ja vapaa

Kaikki siksi

Että rakastit minua

Ja aurinko paistoi

Kun minusta tuli yksi sinun kanssasi.

Mutta kuin melodia

Rakkautesi

Haalistui

Ja jäljellä oli vain

Jatkuva toisto

Laulusta, joka soi

Uudestaan ja uudestaan

Eikä päästä irti

Mielestäni.

Jos voisin kääntää

Ajan kelloa taaksepäin

Tekisin sinusta omani

Ikuisesti

Ikuisesti

Ikuisesti.

PEILI, PEILI

Peili, peili

Seinässä

Otatko minut kiinni

Jos putoan?

Peili, peili

Mitä teet

Jos palaset särkyvät

Ja pimeys valtaa sinut?

Peili, peili

Seinässä

Voitko kertoa minulle

Miksi heijastukseni on niin pieni?

ORGANGRINDERIT

Ryömien

Synkkä sali

Mädäntynyt violetti

Kammottava vihreä

Haju

Mädäntyneen lihan

Ihmislihan

Kuolevan

Säädyttömän.

Nähdessä vanhan naisen

Istumassa potalla

Nuori mies kuollut

Mutta hengittäen

Rytmissä

Tippumisen

Äänen kanssa.

Ja rakkauden veneen

Ikkunan

Kautta mies teurastetaan

Kun apina

Hyppää hänen selkäänsä

Ja joku

Valkoisissa

Heittää yhden kolikon

Hänen lakkinsa sisään.

Heijastus mutaisessa vedessä

Pähkinänvihreät silmät

Narsistinen näkymä

Vedenalaisesta palatsista

Mietiskelevä

Mutta tyhjä

Puhuu paljon

Itsestä

Itselle

Heijastus

Ei täysin

Muistuta

Katselijaansa.

Syvällä

Sameissa vesissä

Suojassa

Virheiltä, tuskalta

Ja muistoilta

Muuttaen

Nestemäisen päällysteen

Irvistykseksi

Joka heijastaa hymyn.

Ketjutettu yhteen

Vesi putoaa

Suustani

Sinun ämpäriisi

Ruusun terälehdet

On jo

Seulottu

Sulatusprosessi

Jakautuminen välttämätöntä

Syyt

Samat

Pelon asettuminen

Saapuu ennen

Totuusseerumin

Vastaanottamista

Kasteen rituaalit

Tuntuvat vihdoin merkityksellisiltä

Mutta työntävä ääni

Yhdistää

Ja sitten jakaa

Eroaminen väistämätöntä

Näyttää siltä, että olemme olleet

Kahlittuna

Yhdessä täällä

Koko elämän

Mutta olet vasta juuri sanonut nimesi

Kuulen sinun

Huutavan

Yöllä

Mutta en pääse sinuun käsiksi

Kuilu on

Liian suuri.

AIKAKAUDEN MERKKI

Jokin tekee minut hulluksi
Se ajaa minut hulluksi
Jokin, joka on niin sietämätöntä
Että voisin jopa luopua tästä ystävästä.
Hän puhuu jatkuvasti
Jauhaa ympäri vuorokauden
Ei ole väliä, olemmeko kahdestaan
Tai ostoksilla 7-11:ssä.
Missä tahansa menemme, niin tapahtuu
Ja hänen huomionsa kääntyy pois minusta

Hän menee toiseen maailmaan
Ja minä olen hänen kanssaan, mutta silti yksinäinen.

Haluan jatkuvasti sanoa, että NYT RIITTÄÄ
En voi, en kestä tätä enää.

Sinun on valittava, kuka se on?

Se olisin minä, joka kävelisi ulos ovesta.

Katsos, olen vihreäsilmäinen hirviö

Mustasukkainen narttu, joka ansaitsee olla yksin

Tiedän, kun olen hävinnyt, en voi kilpailla

Hänen kännykkänsä soinnin kanssa.

VASTAUS

Sinä käytät naamaria

Koko ajan

En näe sinua

Naamioituminen ei ole rikos

Yksinäinen sydämeni

Kerrotaan minulle

Että sinä voisit olla

Vastaus.

Sinä käytät naamaria

Musta ja sininen

Olet kadoksissa

Halloweenin sävyissä

Odotan

Odotuksen täyteisenä

Et vain näe

Että sinä voisit olla

Vastaus.

Jos pyytäisin sinua

Ottamaan sen pois

Näytämään minulle

Kuka sen takana on?

Nauraisitko?

Ja pilkkaisit minua

Tietäen, että

Minun täytyy olla yksinäinen?

Seison edessäsi

Haluan tuntea sinut

Silti et näe

Että voisit olla

Vastaus.

KUOLEMA LUMIHIUTALE

Lumihiutale muuttui kyyneleeksi
Se kuoli välittömästi
Se ei koskaan päästänyt ääntä
Ne putoavat taivaalta
Tähtien muodossa
Eivätkä voi selviytyä
Kun aurinko herää eloon.

Vettä, vettä kaikkialla
Me tallamme niitä huoletta
Mitään ei ollut eikä tule olemaan

Älä sure kohtaloa.

MENNEISYYS

Liidellen kuin korppikotka

Olkapääni yli

Virnistellen

Loputtomasti

Syöksyen

Kun tarpeen

Usein

Näyttäen olevan

Ystävä

Haavoittuvainen

Olen

Olet

Vihollinen

Lopeta väijyminen

En ole valmis

Päästä irti

Vedät minua

Alas

Päästä irti

Menneisyydestä.

PUHUMATON

Kaunis auringonnousu

Sydämessäni

Värien kirjo

Upea taide

Mieleni lepää

Olkapäällesi

Ruskeat silmät sinisissä

Kaikki mitä olen

Olen sinulle.

VESIMELONINAINEN

Olin lintu

Kerran

Mutta en pitänyt vapaudesta

Kun näin kuinka kauas

Voisin lentää

Väsymättä

Lentokoneen istuimella

Kaipasin olla

Ihminen

He näyttivät

Vahvoilta ja loogisilta

Ja ihailin sitä

Kuinka he yrittivät

Parantaa

Kun minä pyöritin ympyrää

Tuulenpuuskien kuljettamana

Ja katselin lasteni

Nälkiintyvän

Keväällä.

Ja niin

minusta tuli

vesimeloninaisen

Istuttava ja kylvettävä

Poimiva ja myyvä

Nukkuva

Puolet päivästä

Työskentelevä pikkurahoilla

Ja katsomassa lasteni

Nälkiintyvän ympäri vuoden.

Olin lintu

Kerran

Enkä pitänyt

Vapaudesta

Ja nyt se on

Se mitä haluan olla

Sen sijaan, että olisin

Vesimeloninaisen.

Kyllä, olin lintu

Kerran

Mutta en pitänyt

Vapaudesta.

Ruoho on aina vihreämpää

Ruoho on aina vihreämpää

Niin he aina sanovat

Haluaisin mieluummin olla lintu

Sen sijaan, että olisin vesimeloninaisen.

SYDÄMETÖN

Viedä sinut

Kämmenelleni

Ja

Antaa

Sydämesi

Juosta

Sormieni

Välissä

Kuin

Hiekka

Sekoittautuen

Laita sinut

postipakettiin,

sulje se ja

lähetä sinut

johonkin

sodan runtelemaan maahan

postiennakolla

ilman palautusosoitetta.

Laita sinut

näyttelyyn

lasikoteloon

ja veloita

katselukerrasta,

kun kaikki

tökivät

sinua kepillä.

Sitten pelastaisin

sinut

vangitsemalla sydämesi

vain

murskatakseni sen uudelleen.

OHITTAMINEN

Kuin tulessa palava paperi

Kuin viha, joka muuttuu haluksi

Kuin joki, jolla ei ole syytä kertoa totuutta

Menetin nuoruuteni.

Nyt olen vanha ja harmaantunut

Kauneuteni on rypistynyt

Ja monet unelmat ovat kadonneet

Kaikki on menetetty.

Nyt kävelen puutarhaani

Kun violettien laakso kutsuu

Niiden tuoksu johdattaa minua

Luonto ja minä emme ole koskaan olleet näin vahvoja.

Katsellen paljaalla silmällä taivasta

Näen sateenkaaren kaartuvan

Ympärilläni sadepisarat laulavat

Smaragdinvihreä ruoho kimaltelee.

Sieluni kaipaa ilman katumusta

Taivasta kohti kuin teräs magneettia

Kuiskaavat suihkulähteet

Serenadi matkallemme: Sweet Dreams.

LIIAN AIKAISIN POISTUNUT

(KIRJOITETTU KUULTUANI UUTISEN JOHN LENNONIN MURHASTA)

Ja kun en enää kyennyt seisomaan
SINUN JALAT tulivat minun jaloiksi.

Ja kun en enää kyennyt itkemään
SINUN KYYNELET tulivat minun kyyneliksi.

Ja kun en enää kyennyt löytämään itseäni

SINUN IDENTITEETTI tuli minun identiteetiksi.

Ja kun en enää kyennyt uskomaan

SINUN TARKOITUS tuli minun tarkoitukseni.

Ja kun en enää kyennyt puhumaan

SINUN SANASI tulivat minun sanoiksi.

Ja kun en enää kyennyt elämään

SINUN KUOLEMASI TULI MINUN KUOLEMAKSESI.

Kuiskaa

Kuiskaa, kuiskaa, minä kuiskaan
Tämä salaisuus on vain minun
Vain minä voin saada sydämeni laulamaan
Ei ole väliä, kuinka ystävällinen olet
Sieluni etsii toisenlaista merkkiä
Kuiskaa, kuiskaa, minä kuiskaan

Joskus oppitunti on sydäntä särkevä
Joskus sinut pakotetaan kuriin
Vain minä voin saada sydämeni laulamaan

Kultaisen sormuksesi kahleissa
Mukavuusalueellasi lepää
Kuiskaa, kuiskaa, minä kuiskaan

Sieluni haluaa lentää kultaisilla siivillä
Siellä ylhäällä maailma on minun
Vain minä voin saada sydämeni laulamaan

Ja silti en paljasta mitään
Sillä tuntematon voi olla ylevää
Kuiskaa, kuiskaa, minä kuiskaan
Vain minä voin saada sydämeni laulamaan.

SCARAMOUCHE

Hänen kuvansa

Jolta puuttuu sisältö

On kehystetty

Tarpeettomilla sirpaleilla

Hänen sielustaan.

Pirstaleet

Jotka kerran vuotivat

Taistelussa

Annetaan nyt vapaasti

Heijastaen

Itsensä halveksuntaa.

KUORO

Älkäämme

Antako tuulen

Puhaltaa häntä

Rakennetaan uudelleen

Missä todellisuus on

Avaanut tulvaportit

Tehdään hänestä

Jälleen kokonainen

Annetaan

Hänelle tarkoitus.

Scaramouche paljastuu

Totuutta ei voi salata.

KUORO

Älkäämme

antako tuulen

puhaltaa häntä kumoon

Rakennetaan uudelleen

Siellä, missä todellisuus

on avannut portit

Tehdään hänestä

jälleen kokonainen

Annetaan

hänelle tarkoitus.

KÄVELEMÄLLÄ POLKUA PITKIN

Kävelemässä polkua pitkin

Taj Mahaliin

Yhteiskunta rakensi puita

Valmistautuen syksyyn.

Kappelit avasivat kätensä

Uudelle maailmalle rukouksessa

He etsivät sanaa

Luotettavalta ennustajalta

Sitten peilit katsoivat silmiä

Jotka olivat liian sokeat näkemään

Luovuuden syntyä ja alkuperää

Tänään taidemaalari maalaa vesiputouksen

Eikä kukaan kysy häneltä miksi

Koska ymmärrämme, että se kaikki

On taivaassa olevalle hengelle.

On uusi vuosituhat

Jossa käännökset ovat ilmaisia

Jaamme elämämme verkossa

Luoden väärän yhteisöllisyyden tunteen.

Olemme kaikki syntyneet kansalaisiksi

Kyyhkysen siivillä

Vastaus on aina ollut meidän

Yhdellä sanalla, se on rakkaus.

ESTE

Erottava este

Hengittävät seinät

Formaldehydin pisarat

Myrkyttävät mielet

Pienillä palasilla

Pelastaja

Kaiser

Kaikkien pullien

Erottava este.

Sulata ilma

Sanoilla

Rohkaisun sanoilla

Sienipilvet

Eivät ole ihmisten kulutukseen

Miksi murtautua läpi

Kun voi

Murtua?

Heijastuksia

Huolestuneesta prostituoidusta

Lukemassa raamatun kohtaa

Tarkastelemassa jäljellä olevia päiviä

Hänen elämästään

Huorankauppias

Universumin

Sanat lentävät

Kuin lepakko laaksossa

Kuoleman

Siipien lyönnillä

Loukussa

Väärinkäsityksen

Vääristelyn

Sulata ilma, sulata.

Este

Erottava

Sulata

Kannustavilla sanoilla

Jakaa yksi

Yksi samassa.

Ajelehdin

Yhdestä ajatuksesta toiseen

Sillä ei ole väliä

Kukaan ei tiedä

Ja aika on loputon

Mutta kuluu

Eikä mitään saada aikaan

Ja muistot vain kahlehtivat minut

Tässä turhuudessa

Vielä enemmän.

Joku huutaa

(vai olenko se minä?)

Käske heidän olla hiljaa

(miksi minä huudan?)

Lintu laulaa

Ikkunallani

Keskitän kaiken elämäni energian

Siihen

Ja kun se lentää

Niin lentää myös sieluni

Ulos loputtomaan siniseen

Jota kerran

Pidin itsestäänselvyytenä.

PIENI VÄÄRINKÄSITYS

Heittäen varovaisuuden tuuleen
Nuori poika veti aseensa esiin
Mies tiskin takana vapisi
Poika lupasi, ettei satuttaisi ketään.
Lapsi pakeni kadulle
Kuin yksinäinen pilvi taivaalla
Hän ei koskaan tuntenut tappion tuskaa
Nyt hän kuuli sireenien ulvonnan
Koska juuri työvuoronsa päättänyt poliisi
Ammutti hänet itsepuolustukseksi

Urheasti tukahduttaen sen alkuunsa

Yksi kuolema lisää väkivallan meressä

Hänen virkamerkki loisti auringossa

Pojalla ei ollut pulssia

Ritarin nosti varovasti aseen

Se oli vain lapsen lelu.

MACBETH

Kun tulet alas vuoreltasi
Tietokoneelleni meren rannalla
Tulen olemaan tietojenkäsittelijä; numeroita.
Kuuntele näppäimistöäni
Sulkemassa pois todellisuuden
Klikkailevaa musiikkia
Ei tarvetta identiteetille
Vihasit pomoasi
Tartuit hetkeen
Aloit kapinan
Nyt istut

Hänen valtaistuimellaan

Lähetät GIC:t

Köyhille, jotka saavat palkkaa

Täsmällisestä leimautumisesta

Meren rannalla

Lähdet metsästämään

Mitä

En tiedä

Mutta kun löydät sen

Tiedät missä olen

Tietojenkäsittelijänä

Meren rannalla.

Ehkä

Ehkä

Sinfonia

Soittaa

Liian kovaa

Kyyneleet

Muodostuvat

Silmissäni

Kuulen

Kuoron laulavan

Mielessäni

On sanoja

Lauletaan

Mutta sanat

Eivät ole vielä

Kirjoitettu

Ehkä

Mielikuvitukseni

Leikkii

Kikkoja

Minulle taas

Sinä

Laulat

Serenadia

Minulle

Sinfonialla

Ei ole sanoja

Ja silti

Sanat

Kaikuvat

Mielessäni.

SIFON

Pappi nostaa kauluksensa
Piilottaakseen sen, mikä on olemassa
Kylmä terä leikkaa
Vuodattamaan verta ranteista
Tiikeri hyökkää sydämen kimppuun
Repien samarialaisen palasiksi
Kukaan ei sanonut hyvää
Kukaan ei kertonut minulle, että olit
Mutta olit pirun hyvä
Siitä olen täysin varma
Nyt lennät avaruuteen

Hengittäen lasia

Pakkanen lamauttaa kasvosi

Aivot amputoivat menneisyyden

Kerro koko maailmalle

Koska he haluavat tietää

Kerro heille, kuinka myit sielusi

Myrkkyä neulassa.

VASTAAMATTOMAT KIRJEET

Kirjoitin sinulle
Koska aurinko paistoi
Tässä sateisessa mielessä
Aina kun muistin hymysi.

Kirjoitin sinulle
Koska kaipasin sinua
Kaipasin nauruasi
Ja ennen kaikkea hellää kosketustasi.

Kirjoitin sinulle

Koska pidit sydäntäni

Kämmenelläsi

Ja uskoin

Että riippumatta siitä, kuinka kaukana toisistamme olimme

Olisit aina täällä kanssani

Ja minä kanssasi.

Kirjoitin sinulle

Pyytäen ikuisuutta

Mutta se oli jo mennyt

Ja kirjeet sulivat ennen kuin ehdin lähettää ne

En koskaan kirjoittanut sinulle.

PERHONEN

Monarkkiperhonen
Nousee ilmaan
Pysähtyy hetkeksi
Sitten nousee huoletta.

Sen värit virtaavat vapaasti
Kuin maali kankaalle
Sen siivet syleilevät taivasta
Rennossa rauhallisuudessa:
Liikkuva kauneus.

Tanssii kukalla
Äärimmäisen herkästi

Tietämättään se kerskailee

Ylivoimaisuudellaan

Lepattaen kuin balerina

Se kiipeää kohti taivasta

Haluan olla yhtä vapaa kuin

Monarkkiperhonen.

EVOLUTIO

Lumihiutaleet lepattaa räystään kouruun
Kuiskaillen viestejä alla kulkeville matkailijoille
Ikivihreät harjat haravoivat hiutaleet pois
Peittäen maan lumipeitteellä
Oli matala ilta joulukuun lopulla
Aika, jota en mielelläni muistaisi
Kun enkelit putosivat juuri tähän maahan
Lähetettyinä mestarin toimesta määrittämään arvomme
Puhdistavat kuvat heijastuivat altaaseen
He ruokkivat ja vaatetivat jokaisen hölmön
Tanssimme, kunnes kaikki tähdet laskivat

Ja puut saivat kultaisen kruunun

Aika lensi, ja lisää unelmia syntyi

Enkelit maalasivat hymyn kaikkien kasvoille

Kunnes kaikki arvo loisti ja oli kirkas

Hehkuen taivaallisen valon voimalla

Lauloimme ääneen, yksi kirkko, yksi laulu

Ja epäuskoiset liittyivät joukkoomme vahvistaakseen meitä

Kun herra keräsi sieluja, jotkut jäivät kutsumatta

He syntyivät luontoon, ja uusi maailma kehittyi.

MAAILMA 60 SEKUNNISSA

(RIIPPUU SIITÄ, KUKA NOPEASTI LUET)

Jalka suussa

Kieli kengässä

Satelliitti

Televisio

Harry Potter

Tervetuloa takaisin, Kotter

Aikakierteessä

Ei paikkaa minne mennä

Katsomassa kuolemanottelua

Isku isku

Hissimusiikki

Krakin huumeissa olevat narkkarit

Rolling Stones

Kate Moss

Naulaamassa Briania

Ristiin

Junat törmäävät

Tietokoneet kaatuvat

Hi-tech

Star Trek

Suusta suuhun -elvytys

Avoin syrjintä

Tuomari Judy

Elää töitä varten

Tutti Fruity

Työskennellä elääkseen

Liian sokea näkemään

Täytyy nähdä uskoakseen

Räppäävä kristinusko
Neitsyyden paljastaminen
Tietävät Teletubbies
Seinfeld-sarjan suru
Kukat Kukat
Kensington Park
Jeanne d'Arc
Polttavat huulet
Hymyilevät hampaat
Syntyneet lapset
Vapaat synnistä
Otsonikerros
Lohikäärmeentappaja
T-Rex
Sama sukupuoli
Seksi myy
Puhuminen kännyköillä
Siipien räpyttely
Lentäminen taivaalla
Aaltojen ratsastaminen

Mickey D:n ranskalaiset

Wal-mart

Sydämestä sydämeen

Kävely kuussa

Vieraiden kuun katselu

Paistinpannusta ulos

Myös juoksi

Tanssija tanssii

Pukeutunut vapaasti

Kukaan ei näytä huomaavan

Paitsi keisari ja minä.

GOSPELAMER

Hämähäkki ryömi kohti
Vaaleansinistä taivasta
Pyörimässä pilvisessä verkossa
Jonka rakentaminen kesti vuosia
Kun hän oli melkein perillä
Vanha ja harmaantunut hämähäkki
Ajattelematta tilannetta
Yritti laajentaa verkkoaan
Pyörimällä liian huolimattomasti
Hänen kulta-aikanaan
Enkeli kutsui kuolemattomuutta

otti muistiin hänen sivunsa

Hämähäkki oli kahlittu hämähäkinverkkoon

Kohtalo uhkasi hänen mestariteostaan

Sitten ihmeen kautta satoi

Ja hän liukastui vapauteen

Satoi neljäkymmentä päivää ja yötä

Näytti siltä, ettei jälkiä tai merkkejä ollut

Vain yksi vanha ja harmaantunut hämähäkki

Kutoi tiensä Nooan arkkiin.

Kirjoittajasta

Cathy McGough on kanadalainen kirjailija, jonka tuotanto kattaa lastenkirjallisuuden, nuorten aikuisten kaunokirjallisuuden, kirjallisen kaunokirjallisuuden, psykologiset jännityskirjat, runouden, novellit ja tietokirjallisuuden. Hän asuu ja kirjoittaa Ontariossa, Kanadassa, perheensä kanssa.

MYÖS

NUORISOKIRJALLISUUS

E-Z DICKENS SUPERSANKARI KIRJA 1 JA 2 TATUOINTI ENKELI: KOLME

E-Z DICKENS SUPERSANKARI KIRJA 3 PUNAINEN HUONE

E-Z DICKENS SUPERSANKARI KIRJA JÄÄLLÄ

KAUNOKIRJALLISUUS

JOKAISEN LAPSI

RIBBY'S SALAISUUS

13 LYHYET TARINAT

KOLME FRIENDIÄ KIRJAT 1 JA 2 ODOTTAA SITÄ YHTÄ

PLUSSAKOKOINEN JUMALATAR - A NOVELETTA

CATHY MCGOUGH

+ LASTENKIRJATC

www.ingramcontent.com/pod-product-compliance
Lightning Source LLC
LaVergne TN
LVHW061035070526
838201LV00073B/5051